ANÁLISIS DE LAS FUENTES DE INFORMACIÓN SOBRE
LA CONSTITUCIÓN

SARAH MACHAJEWSKI

TRADUCIDO POR ESTHER SARFATTI

NEW YORK

Published in 2019 by The Rosen Publishing Group, Inc.
29 East 21st Street, New York, NY 10010

Translator: Esther Sarfatti
Editorial Director, Spanish: Nathalie Beullens-Maoui
Editor, Spanish: María Cristina Brusca
Editor, English: Therese Shea
Book Design: Rachel Rising

Photo Credits: Cover Billion Photos/Shutterstock.com; Cover, pp. 1, 3, 4, 6, 8, 10, 12, 13, 14, 15, 16, 18, 20, 21, 22, 23, 24, 26, 28, 30, 31, 32 (background) Lyubov_Nazarova/Shutterstock.com; pp. 4, 10, 12, 20, 22 (insert) kontur-vid/Shutterstock.com; p. 5 Michael Ventura/Alamy Stock Photo; pp. 7, 23, (background) Reinhold Leitner/Shutterstock.com; p. 7 https://en.wikipedia.org/wiki/File:Constitution_of_the_United_States,_page_1.jpg; p. 8 Sylvie Bouchard/Shutterstock.com; p. 9 Nattakit.K/Shutterstock.com; p. 11 © iStockphoto.com/bonniej; p. 13 https://commons.wikimedia.org/wiki/File:George_Mason_portrait.jpg; p. 14 dotshock/Shutterstock.com; p. 15 Firma V/Shutterstock.com; p. 17 Peter Unger/Lonely Planet Images/Getty Images; p. 19 Antonio Guillem/Shutterstock.com; p. 21 Fine Art/Corbis Historical/Getty Images; p. 23 Jack R Perry Photography/Shutterstock.com; p. 25 Justin Sullivan/Getty Images News/Getty Images; p. 27 Courtesy of the Library of Congress; p. 29 Rido/Shutterstock.com; p. 30 © iStockphoto.com/gradyreese.

Cataloging-in-Publication Data

Names: Machajewski, Sarah.
Title: Análisis de las fuentes de información sobre la Constitución / Sarah Machajewski.
Description: New York : PowerKids Press, 2019. | Series: Aprendizaje basado en proyectos: la historia estadounidense | Includes index.
Identifiers: LCCN ISBN 9781538333723 (pbk.) | ISBN 9781538333716 (library bound) | ISBN 9781538333730 (6 pack)
Subjects: LCSH: United States. Constitution—Juvenile literature. | Constitutional history—United States—Juvenile literature. | Constitutional law—United States—Juvenile literature.
Classification: LCC KF4541.M1455 2019 | DDC 342.7302—dc23

CPSIA Compliance Information: Batch #CS18PK: For further information contact Rosen Publishing, New York, New York at 1-800-237-9932.

CONTENIDO

UN DOCUMENTO IMPORTANTE

¿Existen en tu casa reglas que debes seguir?, ¿y en tu escuela? Las reglas nos dicen cómo debemos comportarnos, y sirven para que la gente esté a salvo y trabaje hacia un objetivo común. Estados Unidos también tiene una serie de reglas que todo el mundo debe seguir. Es la Constitución de Estados Unidos. Escrita hace más de 200 años, la Constitución marcó la formación oficial del Gobierno de nuestro país y le dio el poder de gobernar la nueva nación.

La Constitución es uno de los **documentos** más importantes de la historia de Estados Unidos. Muchos historiadores, maestros y alumnos la han estudiado. ¡Ahora te toca a ti! Mientras aprendes sobre la Constitución, asegúrate de hacer preguntas. Tal vez descubras algo nuevo acerca de este documento tan antiguo.

Documentos fundadores

Además de la Constitución de Estados Unidos, la Declaración de Independencia y la Carta de Derechos son dos documentos muy importantes de la historia del país. Escritos entre 1776 y 1789, se conocen como las Cartas de la Libertad. En ellos, se dan derechos a los ciudadanos y se establece el Gobierno. Cada documento contiene datos históricos valiosos y tiene una función importante.

La Constitución está expuesta en el edificio de los Archivos Nacionales, en Washington, D. C.

LA HISTORIA DE LA CONSTITUCIÓN

La Constitución se escribió unos 10 años después de la fundación de Estados Unidos. Al terminar la guerra de Independencia, el joven país comenzó a funcionar con un sistema de leyes conocido como Artículos de la Confederación. Bajo este sistema, los estados tenían mucho poder y el Gobierno federal era débil. Los líderes del Gobierno se reunieron para enmendar, o corregir, los Artículos de la Confederación. Acabaron escribiendo una serie de leyes completamente nuevas: la Constitución.

El comienzo de la Constitución se llama *preámbulo*. Los siete apartados siguientes, llamados *artículos*, describen el Gobierno y cómo debe funcionar. La Constitución describe un sistema de controles y equilibrios entre las tres ramas del Gobierno. Uno de los artículos establece que la Constitución es la ley más importante de Estados Unidos. Otro artículo explica cómo se pueden hacer cambios a la Constitución.

La Constitución se escribió en pergamino. El pergamino se hace de piel de animal tratada que sirve para escribir. A lo largo de la historia, se han escrito muchos documentos importantes en pergamino, pues se sabía que era un material fuerte y duradero.

We the People

of the United States, in Order to form a more perfect Union, establish Justice, insure domestic Tranquility, provide for the common defence, promote the general Welfare, and secure the Blessings of Liberty to ourselves and our Posterity, do ordain and establish this Constitution for the United States of America.

Article. I.

Section. 1. All legislative Powers herein granted shall be vested in a Congress of the United States, which shall consist of a Senate and House of Representatives.

Section. 2. The House of Representatives shall be composed of Members chosen every second Year by the People of the several States, and the Electors in each State shall have the Qualifications requisite for Electors of the most numerous Branch of the State Legislature.

No Person shall be a Representative who shall not have attained to the Age of twenty five Years, and been seven Years a Citizen of the United States, and who shall not, when elected, be an Inhabitant of that State in which he shall be chosen.

Representatives and direct Taxes shall be apportioned among the several States which may be included within this Union, according to their respective Numbers, which shall be determined by adding to the whole Number of free Persons, including those bound to Service for a Term of Years, and excluding Indians not taxed, three fifths of all other Persons. The actual Enumeration shall be made within three Years after the first Meeting of the Congress of the United States, and within every subsequent Term of ten Years, in such Manner as they shall by Law direct. The Number of Representatives shall not exceed one for every thirty Thousand, but each State shall have at Least one Representative; and until such enumeration shall be made, the State of New Hampshire shall be entitled to chuse three, Massachusetts eight, Rhode-Island and Providence Plantations one, Connecticut five, New-York six, New Jersey four, Pennsylvania eight, Delaware one, Maryland six, Virginia ten, North Carolina five, South Carolina five, and Georgia three.

When vacancies happen in the Representation from any State, the Executive Authority thereof shall issue Writs of Election to fill such Vacancies.

The House of Representatives shall chuse their Speaker and other Officers; and shall have the sole Power of Impeachment.

Section. 3. The Senate of the United States shall be composed of two Senators from each State, chosen by the Legislature thereof, for six Years; and each Senator shall have one Vote.

Immediately after they shall be assembled in Consequence of the first Election, they shall be divided as equally as may be into three Classes. The Seats of the Senators of the first Class shall be vacated at the Expiration of the second Year, of the second Class at the Expiration of the fourth Year, and of the third Class at the Expiration of the sixth Year, so that one third may be chosen every second Year; and if Vacancies happen by Resignation, or otherwise, during the Recess of the Legislature of any State, the Executive thereof may make temporary Appointments until the next Meeting of the Legislature, which shall then fill such Vacancies.

No Person shall be a Senator who shall not have attained to the Age of thirty Years, and been nine Years a Citizen of the United States, and who shall not, when elected, be an Inhabitant of that State for which he shall be chosen.

The Vice President of the United States shall be President of the Senate, but shall have no Vote, unless they be equally divided.

The Senate shall chuse their other Officers, and also a President pro tempore, in the Absence of the Vice President, or when he shall exercise the Office of President of the United States.

The Senate shall have the sole Power to try all Impeachments. When sitting for that Purpose, they shall be on Oath or Affirmation. When the President of the United States is tried, the Chief Justice shall preside: And no Person shall be convicted without the Concurrence of two thirds of the Members present.

Judgment in Cases of Impeachment shall not extend further than to removal from Office, and disqualification to hold and enjoy any Office of honor, Trust or Profit under the United States: but the Party convicted shall nevertheless be liable and subject to Indictment, Trial, Judgment and Punishment, according to Law.

Section. 4. The Times, Places and Manner of holding Elections for Senators and Representatives, shall be prescribed in each State by the Legislature thereof; but the Congress may at any time by Law make or alter such Regulations, except as to the Places of chusing Senators.

The Congress shall assemble at least once in every Year, and such Meeting shall be on the first Monday in December, unless they shall by Law appoint a different Day.

Section. 5. Each House shall be the Judge of the Elections, Returns and Qualifications of its own Members, and a Majority of each shall constitute a Quorum to do Business; but a smaller Number may adjourn from day to day, and may be authorized to compel the Attendance of absent Members, in such Manner, and under such Penalties as each House may provide.

Each House may determine the Rules of its Proceedings, punish its Members for disorderly Behaviour, and, with the Concurrence of two thirds, expel a Member.

Each House shall keep a Journal of its Proceedings, and from time to time publish the same, excepting such Parts as may in their Judgment require Secrecy; and the Yeas and Nays of the Members of either House on any question shall, at the Desire of one fifth of those Present, be entered on the Journal.

Neither House, during the Session of Congress, shall, without the Consent of the other, adjourn for more than three days, nor to any other Place than that in which the two Houses shall be sitting.

Section. 6. The Senators and Representatives shall receive a Compensation for their Services, to be ascertained by Law, and paid out of the Treasury of the United States. They shall in all Cases, except Treason, Felony and Breach of the Peace, be privileged from Arrest during their Attendance at the Session of their respective Houses, and in going to and returning from the same; and for any Speech or Debate in either House, they shall not be questioned in any other Place.

No Senator or Representative shall, during the Time for which he was elected, be appointed to any civil Office under the Authority of the United States, which shall have been created, or the Emoluments whereof shall have been encreased during such time; and no Person holding any Office under the United States, shall be a Member of either House during his Continuance in Office.

Section. 7. All Bills for raising Revenue shall originate in the House of Representatives; but the Senate may propose or concur with Amendments as on other Bills.

Every Bill which shall have passed the House of Representatives and the Senate, shall, before it become a Law, be presented to the President of the

FUENTES DE INFORMACIÓN

La Constitución es un documento importante y con mucha historia. Hay muchas cosas escritas en la Constitución, y muchas más sobre ella. Documentos, libros, artículos, periódicos, sitios de Internet, películas, programas de radio y televisión: puedes encontrar información acerca de la Constitución en estas y más formas. A esta información se la llama *fuente*.

Una fuente brinda información acerca de un tema específico y nos ayuda a comprenderlo y aprenderlo. Por ejemplo, puedes ver una fotografía de la Constitución, o pedir prestado un libro acerca de ella en tu biblioteca local. Estas fuentes te ayudarán a comprender cómo es la Constitución y qué significado tiene. Después, puedes seguir descubriendo más datos acerca de ella.

La biblioteca es un punto de partida excelente para encontrar fuentes de información.

EL USO DE FUENTES PRIMARIAS

En algunos proyectos tendrás que usar fuentes primarias. Una fuente primaria es un documento o un objeto creado durante el periodo que estás estudiando. Es un **testimonio** de **primera mano** de la historia. En otras palabras, es algo creado por alguien que vivió en esa época.

La Constitución es un buen ejemplo de fuente primaria. Es un documento original que se escribió a finales del siglo XVIII. Sus autores eran personas que vivieron durante el nacimiento de nuestra nación y la formación de nuestro Gobierno. Es original de su época.

Cuando estudies la Constitución, ten presentes las siguientes preguntas: ¿Quién la creó? ¿Qué sucedía durante esa época de la historia? ¿Cuál es el propósito del documento y cómo lo sabes?

En busca de fuentes

Las fuentes primarias pueden tener muchas formas. Pueden ser escritos de la época, como diarios, cartas y artículos de periódicos. También pueden ser fotografías o pinturas. Los documentos legales, informes científicos, grabaciones de vídeo y discursos también son fuentes primarias. Todas estas fuentes son primarias porque nos ofrecen un testimonio de primera mano de la historia.

Mira esta imagen de la Constitución. ¿Qué es lo que observas? ¿Qué es lo que más te llama la atención?

OBJECIONES A LA CONSTITUCIÓN

Las fuentes primarias ofrecen a los investigadores la posibilidad de conocer mejor lo que estaba pasando en la época en que se creó la Constitución. Y, sobre todo, las fuentes primarias ponen los hechos en **contexto**.

Aunque la Constitución ha sido la ley de la nación desde que se **ratificó**, su aprobación no fue fácil. Esto lo sabemos gracias al estudio de las fuentes primarias. Cuando se presentaron las primeras **versiones** de este documento en la Convención Constitucional, algunos representantes,

Del texto de Mason, "Objeciones a esta Constitución de Gobierno formada por la Convención", de 1787:

*"No hay declaración de derechos. La gente ni siquiera tiene garantizado el disfrute de los beneficios del derecho común… Estos y sus otros grandes poderes… se juntan para formar una rama completa del poder legislativo, la cual destruirá el equilibrio del Gobierno y les permitirá llevar a cabo todas las **usurpaciones** que quieran de los derechos y libertades de la gente".*

George Mason, de Virginia, retratado aquí, fue un político y terrateniente respetado durante la época revolucionaria.

entre ellos George Mason, se negaron a firmarlo. Creían que daba demasiado poder al Gobierno central. Mason escribió sus objeciones en una carta que envió a gente importante, como George Washington. Echa un vistazo a la carta de Mason. ¿Por qué se opuso a la Constitución? ¿Qué nos dice su **opinión** sobre los derechos y libertades de los ciudadanos acerca de las necesidades, deseos y principios de la nueva nación?

13

EL ESTUDIO DE FUENTES SECUNDARIAS

Las fuentes secundarias son otro recurso que podrías usar para tus proyectos. Las fuentes secundarias difieren de las primarias en un aspecto muy importante: fueron creadas después del periodo de tiempo en cuestión por alguien que no estaba allí. Las fuentes secundarias están más alejadas de los hechos históricos.

A veces las fuentes secundarias solo ofrecen información acerca de las fuentes primarias. Sin embargo, también pueden presentar un **análisis** de las fuentes primarias y enseñarnos nuevas formas de ver esas fuentes.

Los libros que lees para tus clases se consideran fuentes secundarias. Sin embargo, a veces contienen fuentes primarias, como fotos, obras de arte o caricaturas políticas.

Algunos ejemplos de estas son los libros, libros de texto, enciclopedias, periódicos, artículos y estudios críticos.

Ahora que ya sabes la diferencia entre fuentes primarias y secundarias, puedes empezar a utilizarlos. ¿Qué claves puedes buscar para ayudarte a saber si tu fuente es primaria o secundaria? ¡Mirar la fecha es un buen punto de partida!

Se han hecho muchos estudios **académicos** de la Constitución, por lo que existen muchas fuentes secundarias acerca de ella. Una de las formas más fáciles de encontrarlas es ir a tu biblioteca local. Es probable que sus estanterías estén llenas de libros que examinan, explican e **interpretan** el significado de la Constitución.

Otro lugar en donde puedes explorar es los Archivos Nacionales. Como parte del Gobierno de Estados Unidos, los Archivos Nacionales conservan documentos históricos importantes e informan al público acerca de ellos. Una sección de su sitio de Internet, llamada «documentos fundadores», contiene varias páginas de información acerca de la Constitución. Cuando visites el sitio, podrás ver fotos de este documento y saber qué es, por qué es importante, cómo se hizo y conocer otros datos fascinantes. Es una fuente excelente tanto de fuentes primarias como secundarias.

Los Archivos Nacionales son una organización gubernamental, por lo que se puede considerar una fuente fiable de información. Visita www.archives.gov/espanol para comenzar.

¡PIÉNSALO BIEN!

El solo hecho de leer o consultar una fuente no es suficiente. Tienes que analizarla también. Analizar significa examinar algo detalladamente, normalmente para explicarlo o entenderlo. Ten presentes las siguientes preguntas cuando comiences a analizar tus fuentes, ya sean primarias o secundarias:

1. **¿Cómo es tu fuente? ¿Qué pistas te da su apariencia? Por ejemplo, a primera vista podrás darte cuenta de que la Constitución probablemente sea un documento muy antiguo.**

2. **¿Qué sabes del creador de la fuente? ¿Qué estaba pasando en el momento de su creación?**

3. **¿Cuál es el tono del documento? ¿Qué te dice acerca de por qué se creó?**

4. **¿Qué preguntas contesta esta fuente? ¿A qué nuevas preguntas da pie?**

Para analizar algo debes pensarlo muy bien y prestar mucha atención.

ANALIZAR LA CONSTITUCIÓN

Echa un vistazo a la página 7 de la Constitución. ¿Qué es lo primero que ves? Tal vez reconozcas la famosa primera línea que comienza con "Nosotros, el pueblo…". Estas palabras son mucho más grandes que el resto del documento. ¿Qué te dice esto?

Seis grandes ideas de la Constitución de Estados Unidos

La Constitución contiene seis grandes ideas dentro de sus más de 4,000 palabras de texto.

Gobierno limitado: *el Gobierno no es todopoderoso.*

Republicanismo: *el pueblo puede votar por alguien para que lo represente.*

Controles y equilibrios: *cada una de las tres ramas del Gobierno vigila a las otras dos para que no se hagan demasiado poderosas.*

Federalismo: *existe un Gobierno central fuerte.*

Separación de poderes: *cada rama tiene poderes específicos y bien definidos.*

Soberanía popular: *el Gobierno es creado por el pueblo y funciona con su* **consentimiento.**

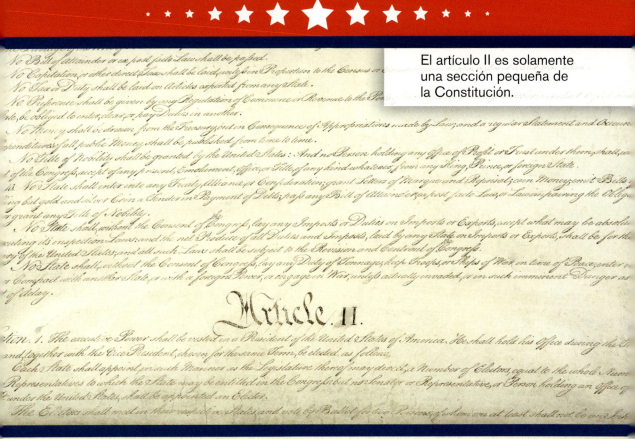

El artículo II es solamente una sección pequeña de la Constitución.

La Constitución tiene siete artículos que explican cómo funciona el Gobierno de Estados Unidos. El artículo II describe la rama ejecutiva. Dice: "Se deposita el poder ejecutivo en un presidente de Estados Unidos. Él desempeñará su cargo durante un término de cuatro años…". Los autores hablan de un presidente, no de un rey. Teniendo en cuenta lo que ya sabes sobre este periodo de tiempo, ¿por qué esto es importante? Además, los autores dan por supuesto que el presidente será un hombre, ¿qué te sugiere esto acerca de la opinión que tenían de las mujeres los autores de la Constitución?

EXAMINEMOS LAS ENMIENDAS

Además de los artículos de la Constitución, hay enmiendas, o artículos que se agregaron después a la Constitución. Algunos estados ratificaron la Constitución con la condición de que se añadiera luego una lista de derechos. Eso se debe a que la Constitución en sí misma no habla específicamente de los derechos y libertades de la gente. Las diez primeras enmiendas se ratificaron en 1791, tres años después de la ratificación de la Constitución. Estas enmiendas se conocen como Carta de Derechos.

Los tiempos cambian

Cuando los representantes de la Convención Constitucional redactaron la Constitución, escribieron leyes que reflejaban cómo era el país en el siglo XVIII. Las enmiendas permiten al Gobierno hacer cambios fundamentales en las leyes. Esto es importante porque las necesidades de un país cambian con el tiempo. Las enmiendas constitucionales han acabado con la esclavitud, han dado el derecho al voto a las mujeres y han limitado el número de mandatos presidenciales a dos. Piensa en un asunto que hoy te parezca importante para Estados Unidos. ¿Qué enmienda harías a la Constitución para resolver ese asunto?

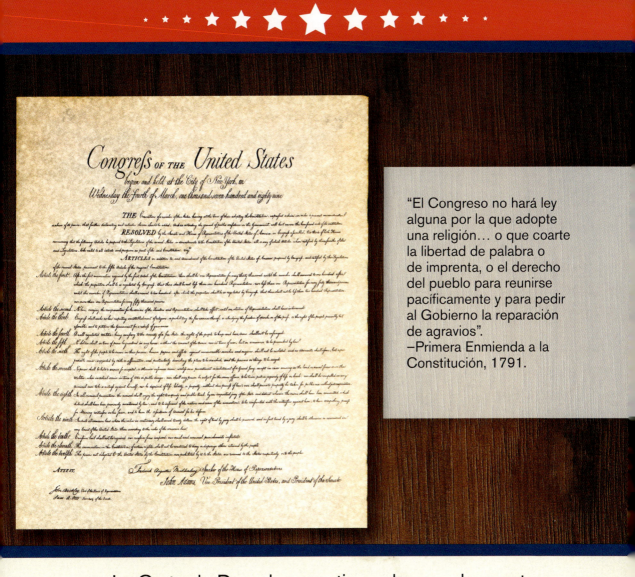

"El Congreso no hará ley alguna por la que adopte una religión… o que coarte la libertad de palabra o de imprenta, o el derecho del pueblo para reunirse pacíficamente y para pedir al Gobierno la reparación de agravios".
−Primera Enmienda a la Constitución, 1791.

La Carta de Derechos contiene algunos de nuestros derechos humanos más valorados. La Primera Enmienda garantiza la libertad de expresión, la libertad de religión, la libertad de prensa, el derecho de reunirse pacíficamente y el derecho de pedir al Gobierno la reparación de **agravios**. ¿Por qué eran tan importantes estos derechos para la vida en el joven país de los Estados Unidos?

CUIDADO CON LA PARCIALIDAD

Algunas fuentes son parciales. La parcialidad es un **prejuicio** a favor o en contra de algo. Normalmente la parcialidad se considera injusta.

Cualquier fuente podría ser parcial, así que es importante estar siempre atentos. Es importante cuestionar todas las fuentes que utilices. Algunas preguntas que puedes hacer para determinar si una fuente es parcial son: ¿Cuenta el autor la historia completa? ¿Es correcta la información? ¿Qué trata de hacerme creer el autor y por qué?

Las fuentes parciales no son creíbles. Una fuente creíble o confiable debería ser una autoridad en la materia, pero también debería permitir que formes tu propia opinión. Es importante utilizar una amplia variedad de fuentes para conocer la historia completa y llegar a tus propias conclusiones.

La Constitución es fundamental para la política estadounidense. Mucha gente con opiniones diferentes la tiene como referencia y ha escrito acerca de ella.

EL ANÁLISIS DE LAS CARICATURAS POLÍTICAS

Podemos también encontrar opiniones en obras de arte, como las caricaturas políticas. Una caricatura política es un dibujo que trata de hacer un comentario acerca de una cuestión política. Posiblemente hayas visto este tipo de caricaturas en Internet o en algún periódico o revista.

Muchos artistas hicieron caricaturas políticas antes, durante y después de la guerra de Independencia de Estados Unidos. Estas imágenes son fuentes primarias importantes porque nos dan pistas acerca de las opiniones de la gente de esa época.

Echa un vistazo a la caricatura política de la página siguiente, llamada *El espejo de 1787*. Se publicó en Connecticut en 1787, el año antes de la ratificación de la Constitución. La caricatura muestra dos grupos de hombres que están divididos por cuestiones de impuestos, deuda y dinero en Connecticut. Una carreta, que simboliza el estado, se está hundiendo entre los dos grupos de hombres. Ahora mira con más cuidado el dibujo. ¿Qué piensas que quiso comentar el artista? ¿Cómo lo sabes?

¿Qué quería decir el artista acerca del estado de Connecticut durante aquella época? ¿Qué pistas tienes para conocer su opinión?

UTILIZA TUS DESTREZAS

Ahora que ya sabes lo que son las fuentes primarias y cómo usarlas, y has aprendido a analizar documentos e identificar la parcialidad, llegó el momento de utilizar tus destrezas. Elige algún aspecto de la Constitución que te gustaría conocer mejor. Podría ser la Decimotercera Enmienda, que acabó con la esclavitud. O tal vez escojas la Vigesimosexta Enmienda, que cambió la edad de votar a los 18 años.

El primer paso es elegir un tema que te interese. A continuación, dirígete a la biblioteca más cercana o enciende tu computadora. Busca fuentes primarias y secundarias acerca de la parte de la Constitución que hayas elegido. Encuentra libros que la expliquen. Investiga un poco para ver si hay artículos de prensa, diarios o caricaturas políticas acerca del tema que estás estudiando. Léelos y analízalos. ¿Qué has aprendido?

Trabajar en grupo es una buena forma de aprender más acerca de un tema. Puedes aprender mucho cuando compartes ideas con los demás.

EL FUTURO DE LA CONSTITUCIÓN

La Constitución es uno de los documentos más importantes de Estados Unidos y, hoy en día, continúa guiando nuestras vidas como ciudadanos. Aunque se escribió hace mucho tiempo, nuestro Gobierno aún la utiliza para gobernar y el pueblo depende de ella para proteger sus derechos como ciudadanos. Mientras siga siendo la ley suprema de la nación, la Constitución seguirá afectando a la gente de nuestro país.

Como ya sabes, la Constitución puede cambiar según las necesidades del pueblo. Sin embargo, nadie sabe cuál será el próximo cambio. ¿Hay algún aspecto de la Constitución que te gustaría cambiar? Recuerda lo que sabes acerca de este documento y su historia. ¿Qué pasos darías para intentar cambiarlo? ¿Qué harías para convencer a los **legisladores** de que hagan el cambio?